PIT VOGT
BAHNSTEIG
GEDICHTE

3

Idee, Design & Layout: Pit Vogt

Alle Texte sind frei erfunden

Impressum

Herstellung und Verlag:
BoD - Books on Demand, Norderstedt
ISBN: 9783755727538

Ich

Was ich wohl bin
Ich kanns nicht sagen
Ganz ohne Sinn
Scheint jedes Wort
Was ich noch bin
So viele Fragen
In all den Jahren
Allen Tagen
Da bleibt nicht viel
Ein Ich
Ein Ort

Wer bin ich
Wer
Ich kanns nicht wissen
Mal so
Mal so
Mal anders schon
Was gestern war
Längst tot
Zerschlissen
Mal so
Mal so
Doch längst
Zerrissen
Und ganz am End
Bleibt doch nur Hohn

Mach dir ein Bild
Es wird nicht stimmen
Weil alles immer anders wird
Gesichter kommen
Gehn
Verschwimmen
Und alles Sein
Wird gerad sich krümmen
Weil selbst ein Lächeln
Längst verstört

Bahnsteig Drei

Die Nacht ist schwarz
So schwarz wie nie
Allein wart´ ich auf Bahnsteig
Drei
Ein Regen fällt auf Kopf und
Knie
Ich bin geflohen
Irgendwie
Es kommt kein Zug
Nichts fährt vorbei

Eiskalter Wind fegt
Übers Gleis
Kein Mensch, nur ich
Auf Bahnsteig Drei
Der Regen wird schon bald zu Eis
Mein Kopf ist leer
Ich frier ganz leis
Das Leben scheint mir
Einerlei

Wohin,
Wohin soll ich nur gehn
Mir bleibt nur dieser Bahnsteig
Drei
Wo alle Träume schnell verwehn
Wird auch mein Wunsch
Vom Glück
Vergehn
Und Schnee fällt bald auf Bahnsteig
Drei

Ich schlag den Kragen hoch und
Geh
Schau kurz zurück zu Bahnsteig
Drei
Die Nacht verbirgt sich feig im
Schnee
Wohin ich einsam nun auch geh
Ich bin nicht froh
Nicht gut
Nicht frei

Die Nacht ist düster
Wie noch nie
Da pfeift ein Zug auf Bahnsteig Drei
Es schmerzt in Seele, Herz
Und Knie
Ich will nach Hause
Und ich flieh
Der Zug ist fort
Und längst
Vorbei

Erinnerungen

Erinnerungen wiegen schwer
Sie ziehen hin
Weit übers Land
Sind reich, lebendig
Traurig, leer
Ziehn mit dem Wind
Mal hin
Mal her
Mal ganz tief drin
Mal unbekannt

Erinnerung an dich und mich
An unser Leben
Wie's mal war
Sind voller Freude
Sicherlich
Sind Licht und Schatten
Ewiglich
Tief drin im Herz
So sonnenklar

Erinnerungen ziehen fort
Du bleibst allein
Doch wieder nicht
Sie wiegen schwerer als manch' Wort
Sie ziehen mit
Von Ort
Zu Ort
Weil ohne sie
Dein Traum
Zerbricht

Letzter Brief

Dein Brief liegt vor mir auf einem kalten Tisch
Ich will ihn öffnen
Doch ich tu es nicht
Ist es ein allerletzter Abschied jetzt von Dir
Ist es ein allerletzter Abschied jetzt von mir
Nur eine weiße Kerze spendet düster-dunkles Licht
Und ich hab heiße Tränen im Gesicht

Ich sitz ganz still an jenem kleinen Tisch
Der Brief darauf
Nur er liegt einfach nur so da
Und gar nichts ist, wie es einmal war
Ich denk an all die schöne Zeit mit Dir
Ich weiß, Du bist lang nicht mehr hier
Und ich wisch mir die Tränen vom Gesicht

Ich lauf langsam um den runden Tisch
Ob ich den Brief öffne, weiß ich nicht
So viel gäbe es da noch zu sagen
Da sind noch so viel dumme Fragen
Schon bald verlischt das viel zu dunkle Kerzenlicht
Und tiefe Trauer liegt in meinem Gesicht

Ein Brief vor mir auf jenem alten Tisch
Ich will ihn öffnen
Doch ich tu es nicht
Und tu's dann doch
Und reiß ihn einfach auf
Nehm alle Antworten einfach so in Kauf
Starr fassungslos auf das faltige Papier
Denn der Bogen ist unfassbar leer

Teufels Ankunft

Blicke, die dich töten werden
Kälte die das Leben schockt
Atemlos
Und Herzbeschwerden
Überall nur Tod auf Erden
Glück, Vertrauen
Längst verzockt

Schläge tief in Herz und Seele
Eis tropft auf die nackte Haut
Whiskydunst
Verbrennt manch´ Kehle
Dass dies Feuer weiterschwele
Jede Nacht
Total versaut

Alles bricht in tausend Scherben
Schreie klirren durch die Nacht
Blitze zucken auf die Erden
Die sofort zu Monstern werden
Wart nur ab
Bald ist´s vollbracht

Zischend stoben Funkenschwaden
Aus der Höllentiefe auf
Renn jetzt los
Du darfst nicht warten
Sonst wirst du im Hass entarten
Und der Teufel frisst dich auch

Gift trieft an den Teufelspfeilen
Treffen jeden
Der noch hier
Lass uns flugs zum Himmel reiten
Lass uns nie mehr toben
Streiten
Dann entgehn wir seiner Gier

Da, das Dunkel längst schon wabert
Fängt fast jeden
Der zu schwach
Wer noch blöd von Liebe labert
Wird von Dummheit schnell gekapert
Nein, der Teufel denkt nicht nach

Letzter Blitz
Letztes Begehren
Feuersbrunst flammt Träume fort
Schwefeldampf will uns verzehren
Hey, wir können uns noch wehren
Hey, wir sind noch hier vor Ort

Vorm Spiegel

Vorm Spiegel bleib ich plötzlich kurz stehn
Wer ist das da drin
Ich kann ihn gut sehn
Der eine und der andere Mann
Sie sehen sich verständnislos an

Ich beug dicht an den Spiegel mich ran
Der eine und wohl der andere Mann
Sind das da Falten um die Augen
Das kann nicht sein
S´ ist kaum zu glauben

Auf einmal ziehn die Jahre vorüber
Bis jetzt hast Du´s geschafft
Mein Lieber
Und trotzdem klaffen tiefe Wunden
Die gibt´s schon seit Jahren
Und Stunden

Sind da etwa auch trockene Tränen
Die zwischen dem Spiegelbild gähnen
Trotzdem sind die Augen noch relativ scharf
Ob ich damit auch noch zwinkern darf

Zwei Gesichter stehn sich gegenüber
Wie lang geht das noch
Mein Lieber
Ich dreh mich flugs um
Geh wieder fort
So ganz ohne Ängste
Und ohne ein Wort

Zerrissen

Auf jenem Friedhof ist's so kühl
Die Blumen wiegen sich im Wind
Erinnerungen
Ach, so viel
An all die Zeiten
Leid und
Spiel
Ich wär so gern wie einst
Als Kind

Kein Mensch ist hier
Es ist so still
Manch Traum verweht im Regenguss
Erinnerungen
Ach, so viel
Hier auf dem Friedhof gibt's kein Ziel
Hier gibt's kein Anfang
Keinen Schluss

Ich würd so gerne bei Euch sein
Die Einsamkeit wiegt schwer
So schwer
Erinnerungen müssen sein
Doch wiegen sie schwer wie ein
Stein
Zerrissen scheint das Herz
Und leer

Auf jenem Friedhof ist's so kalt
Der Abend kommt
Und Regen fällt
Da lebt man jung
Da wird man alt
Und man vergeht zu schnell
Und bald
Was bleibt
Wenn uns hier nichts mehr hält

Abschied

So gerne würd ich mit Euch träumen
Nochmal spazieren durch den Park
Und liegen unter Mandelbäumen
Und nichts vom Leben je versäumen
Mit Euch gestalten
Jeden Tag

Würd gern mit Euch nochmal verreisen
Und Fotos machen
Ach
So viel
Und Mamas Lieder hörn
Die leisen
Wenn Züge klappern auf den Gleisen
So wie als Kind
Als alles Spiel

Noch einmal möcht ich mit Euch reden
Und lachen
Weinen
Alles halt
Ich wünscht, Ihr kämt zurück ins Leben
Jetzt sitz ich hier
Und kann nur beten
Und jeder Tag ist schlimm
Und kalt

Mit frischen Blumen komm ich wieder
Zu Eurem Grab
Und bleibe lang
Ich hör von fern´ die alten Lieder
Da ist kein Trost im letzten Flieder
Da ists in Herz und Seele
Bang

Das Stückchen Leben

Das Stückchen zwischen Nacht und Tag
Das Bisschen zwischen Schwarz und Hell
Ein Stückchen Leben
Das man hat
Die Zeit läuft oft zu sinnlos ab
Und ist vorbei doch viel zu schnell

Das Stückchen Leben nimmt man hin
Man denkt nie lang darüber nach
Man gibt ihm viel zu wenig Sinn
Es kommt
Es bleibt
Es rinnt dahin
Dann ist es fort
Mit Weh und Ach

Dies bisschen Leben ist nicht viel
Ein Wimpernschlag
Ein Atemzug
Es ist mal ernst
Mal nur ein Spiel
Man kennt nicht Start und auch nicht Ziel
Oft bleibt ein leerer Wasserkrug

Ein Stückchen Leben ist ein Hauch
Im Universum sieht man´s nicht
Doch sind´s Millionen Träume auch
Milliarden Tränen
Manch ein Brauch
Ein Ozean aus Hoffnung
Licht

Dies Stückchen zwischen Jetzt und Dann
Das nennt sich Leben
Das sind wir
Als Mensch geboren
Frau und Mann
Geblieben ewig Kind sodann
Ein Augenblick
Ein Leben
Hier

Wieder mal

Wieder mal den Weg zum Amte
Stolpert sie so gegen Sechs
Noch ist sie die *Unbekannte*
Stolpert schnell den Weg zum Amte
Das liegt vor ihr links
Dann rechts

Brötchen, Kaffee, diesen lauen
Ein Gespräch kurz auf dem Gang
In die Unterlagen schauen
Wie viel werden sich heut trauen
Und die Zeit scheint ewig lang

Auf dem Stuhl, dem harten, kalten
Nimmt sie Platz, schaut hin und her
Menschen muss sie hier verwalten
Jenen Tag mit Sinn gestalten
Und manch Schicksal wiegt so schwer

Schon kommt rein der erste Kunde
Der sucht Arbeit
Oder nicht
Ziellos starrt er in die Runde
In der Seel klafft ihm 'ne Wunde
Angst sitzt tief ihm im Gesicht

Wut und Hoffnung muss sie kennen
Manchmal Härte auch
Und Mut
Nein, es bleibt kaum Zeit zum Flennen
Manchmal nachts ist Zeit zum Pennen
Oftmals glüht noch *Arbeitswut*

Ja, sie weiß, man liebt sie selten
An dem Ort, wo gar nichts gleich
Jenes Amt der tausend Welten
Wo manch' Regeln kaum noch gelten
Hier wird niemand wirklich reich

Wenn die Kunden dann gegangen
Ordnet sie den Aktenberg
Hier, wo manches unverstanden
Wo sich niemals Menschen fanden
Schaut sie plötzlich recht verklärt

Packt die Tasche und hält inne
Ob sich das mal ändern wird
An der Decke eine Spinne
Leis tropft Regen aus der Rinne
Alles scheint total verkehrt

Sollt sie wirklich einsam bleiben
Haus und Auto
All dies Zeug
Kommen auch mal bessre Zeiten
Ohne Klar- und Ebenheiten
Ohne künstlich-glatter Freud

Doch dann wischt sie sich die Augen
Aus der Haut kommt sie nicht raus
Dieser Traum vom Meer, dem blauen
Schon versunken
Kaum zu glauben
Schnell trinkt sie den Kaffee aus

Stumm nimmt sie vom Eisenhaken
Ihren Mantel
Ihren Schal
Zwischen Mondlicht, Mücken, Schnaken
Wird sie durch den Regen waten
Morgen früh
Und wieder mal

Schneesturm

Sie fragte ihn:
Wo willst du hin
Erstarrt sah er ihr ins Gesicht
Es hatte wohl auch keinen Sinn
Er wollte fort
Egal
Wohin
Und trübe schien das Kerzenlicht

Er zog sich an,
Lief schnell hinaus
Ein Schneesturm kühlte sein Gesicht
Im Eiswirbel nicht Mann,
Nicht Maus
Es war so kalt,
Ein wahrer Graus
Am kleinen Bahnhof brannte Licht

Auf Bahnsteig 3
Stand noch ein Zug
Der Schnee verwirbelte die Zeit
Ein Alptraum
Oder
Selbstbetrug
Vom Alltag hatte er genug
Für eine Nacht
Vom Zwang befreit

Ein junger Mann mit schwarzem Schal
Kam auf ihn zu,
Umarmte ihn
Sie sahen sich das erste Mal
Und küssten sich ganz ohne
Qual
Und plötzlich machte alles Sinn

Vom Schneegestöber eingehüllt
Da liebten sie sich
Heftig, heiß
Manch' ferner Traum schien da erfüllt
Ein Liebesbrief
Im Schnee zerknüllt
Die Liebe schmolz die Nacht,
Das Eis

Bleibst du bei mir – so fragte er
Der andere Mann blieb still und
Schwieg
Noch einen Kuss,
Der leicht und
Schwer
Dann war der Bahnsteig menschenleer
Und niemand aus dem Zug mehr stieg

Der Schneesturm fauchte dumm und
Klug
Der Zug fuhr ab
Ins Nirgendwo
War alles nur ein Selbstbetrug
Wenn man vom Alltag hat genug
Gibt's Leben nur im
Anderswo

Er schlug den Kragen hoch und ging
Ihm war nicht kalt
Auf Bahnsteig 3
Der Schneesturm sich im Nichts verfing
Ein bisschen Liebe nur,
Ein Sinn
So vieles scheint oft
Einerlei

Noch einmal drehte er sich um
Da war kein Zug,
Kein Mann,
Kein Kuss
Die Flocken wirbelten recht krumm
Er lief nach Hause
Lächelnd,
Stumm
Weil das so ist
Weil man's so
Muss

Bahnsteig Zwei

Es steht ein Zug auf Bahnsteig Zwei
Auf jenem Bahnhof irgendwo
An diesem Morgen, kurz nach Drei
Ist's düster noch auf Bahnsteig Zwei
Nur eine Frau weint einfach so

Ein Wind verweht sich überm Gleis
Die Frau ist stumm
Ihr Blick scheint starr
Am Bahnsteigdach hängt Schnee und Eis
Sie steht wohl da, weil sie jetzt weiß:
Ihr Leben hier zu einsam war

Fort will sie fahren
Nur weit weg
Dorthin, wo alles anders ist
Sie starrt zum kalten Schienensteg
Und nur ein Wind ganz leise weht
Dort, wo ihr Mann sie nie mehr küsst

Kein Mensch steigt aus
Kein Mensch steigt zu
Der Zug wohl wartet nur auf sie
Sie trägt schön warme Winterschuh
Und übern Bahnsteig schleicht sich Ruh
Es ist noch zeitig in der Früh

Die Reisetasche, braun und voll,
steht auf dem Bahnsteig neben ihr
Hier ist's so still, hier ist's nicht toll
Sie will nur gehen ohne Groll
Da schlägt die Bahnhofsuhr laut:
Vier

Ein Schaffner pfeift
Der Zug rollt an
Die Tür vom Wagen ist noch auf
Wenn sie jetzt flieht
Wo kommt sie an
Bringt sie der Zug zum Glück sodann
Sie steigt die Wagentreppe rauf

Und springt herab
Der Zug fährt fort
Ein Wind nur streicht ganz sacht daher
An diesem unwirklichen Ort
Versiegt manch´ Traum und auch manch´ Wort
Von fern nur pfeift der Zug recht schwer

Und wieder steht sie schweigend da
Der Schnee fällt leis auf Bahngleis Zwei
Egal, was war, was auch geschah
Ihr wird es plötzlich sonnenklar:
Ein andrer Zug kommt bald vorbei

Schuld

Das wiegt so schwer in deinem Kopf
Die Frage: Hab ich's falsch gemacht
Bin ich vielleicht ein dummer Tropf
Die Schuld wiegt schwer in meinem Kopf
Ich hab mir das nicht ausgedacht

Du machst so vieles falsch,
Verkehrt
Doch wie ists richtig
Sag mir,
Wie
Du bist zu oft zu unbeschwert
Dann bist du stur,
So unbelehrt
Du glaubst, du schaffst das Leben nie

Es geht bergab
Und kaum bergauf
Du hörst versteckte Schrei nicht
Dies Leben scheint ein Hürdenlauf
Du kneifst zu oft
Und scheißt darauf
Und nirgendwo zeigt sich ein Licht

Du fühlst die Schuld
Ganz tief in dir
Du fragst dich ständig:
Ist das so?
Du bist doch gar kein wildes Tier
Du willst doch helfen
Jetzt und hier
Doch bist du nur noch schwer,
Nicht froh

Die Schuld wiegt wie ein schwerer Stein
Presst Tränen aus dem Seelenschutt
Du fühlst dich schwach und sehr allein
Du fühlst dich dumm und winzig klein
Nein, irgendwie ist gar nichts gut

Was ist das nur, das in dir bohrt
Ist das Versagen
Ist das Schuld
Egal, an welchem Weltenort
Es geht nicht weg
Es geht nicht fort
Dir fehlts an Einsicht und
Geduld

Es wiegt nur schwer in Kopf und Leib
Vernebelt dir die Zuversicht
Wie lange dies Gefühl dir bleibt
Entscheidet nur die Zeit,
Die Zeit
Du musst es finden,
Dein Gesicht

So oft

So oft sagst du:
So ist das eben
Und denkst nicht nach
Und fühlst es nicht
Und kennst auch nicht das wahre Leben
Du winkst nur ab
So ist das eben
Und siehst es nicht
Das helle Licht

Du lebst die Zeiten ohne Leben
Und willst nur haben
Mehr und mehr
Und tust es ab
So ist es eben
Und schleichst so blind und taub durchs Leben
Und nimmst so viele Dinge schwer

Du siehst nicht mehr nach allen Seiten
Und fragst nicht
Ach, wo kommt das her
Du fühlst nur jene kalten Zeiten
Du kannst nicht weinen
Lachen
Schweigen
Und fühlst dich oftmals ziemlich leer

Wenn jemand ändert Tag und Leben
Dann lachst du nur
Tust schnell es ab
Du hast nur Spott
Willst nichts verstehen
Du bist nur hart und kannst nichts geben
Weil Sturheit nichts zu geben hat

Doch eines Tags, wenn stirbt die Mutter
Dann trifft dich das ganz tief ins Herz
Aus deiner Hand fällt dir das Ruder
Du weinst tagtäglich um die Mutter
Dein ganzes Ich tränkt sich im Schmerz

Und plötzlich bist du ganz alleine
Da ist nichts mehr,
Dass dich noch trägt
Vom Herzen fallen alle Steine
Du bringst dein Leben nun ins Reine
Du spürst es jetzt:
Da ist nichts leer

Und da beginnt dein neues Leben
Es kam so plötzlich
Wie der Tod
Du willst es fühlen
Kannst auch geben
Stark willst du in der Brandung stehen
So oft wie auch dein
Morgenrot

Er

Er kam einst übers weite Meer
Ich sah erst seine Spur am Strand
Er kam vom fernen Lande her
Sein Schicksal schien so
Hart und schwer
Es herrschte Krieg in seinem Land

Er brachte dennoch Frohsinn mit
Und war im Team hier recht beliebt
Ja, manchmal weinte er ein Stück
Ja, manchmal träumte er vom Glück
Was irgendwo im „Niemals" blieb

Die Arbeit machte ihm wohl Spaß
Er tat sie gern
Er war allein
Er kannte Krieg und Tod und
Hass
War manchen Tag so schwach und blass
Und wollt doch nie ein Fremder sein

Doch eines Tags kam er nicht mehr
Es hieß, er darf nicht bleiben
Nein
Jetzt bleibt sein Platz verlassen
Leer
Warum will man ihn hier nicht mehr
Warum darf er bei uns nicht sein

Sein Lachen und sein Traum
Sein Wort
Dass hör ich lang an jenem Strand
Wo er einst ankam
Hier am Ort
Jetzt ist ein Mensch
Vorbei
Weit fort
Mir bleibt nur seine Spur im
Sand

Nachts

Nachts spiegeln sich die Straßen
In den Augen
Den weinend
Nassen
Allein trittst du in Pfützen
Niemand kann dich stützen
Und du frierst dich durch die Regennacht
Weil dein Gesicht nie wieder so lacht

Nachts spiegeln sich die Träume
In der Seele
In schwarzgraue Räume
Dass man nur ja nichts versäume
Dir fehlt das Glück
Du suchst nach Freude
Und du schreist dich durch die triste Nacht
Weil dein Herz nicht mehr schlägt wie
Gedacht

Nachts spiegeln sich Gelüste
Die es geben müsste
Jenseits mancher Drogen
Oder Küsse
Einsamkeit bleibt
Die bittersüße
Und du gierst dich durch die heiße Nacht
Weil deine Liebe irgendetwas Sau-Blödes macht

Nachts spiegeln sich die Tode
Die du stirbst
Die du verdirbst
Jenseitig aller schön-skurrilen Mode
Erfriert dir der Leib
Die Pfote
Und du stirbst dich durch die starre Nacht
Weil deine Hoffnung in Stücke
Zerkracht

Blizzard

Schwer sind die Schritte
Schwer die Sinne
Ein Sturm fegt über Wies und Feld
Was ich auch immer tu und spinne
Verworren das, was ich gewinne
Kein Sommer mehr, der ewig hält

Ich stapf durch Schnee
Auf weißen Dünen
Am Horizont ist nichts zu sehn
Ich träum von Wiesen, ach, so grünen
Von sommerlichen summend Bienen
Und bleib doch hin und wieder stehn

Ein Echo hallt in meinen Ohren
Wer ist's, der mich hier lautstark ruft
Wohl scheint mein ganzer Kopf gefroren
Ich fühl mich schlecht und so verloren
In meiner dicken Winterkluft

Doch ist da niemand
Nur mein Schatten
Verweht vom Sturm
Schon nicht mehr da
Und hinter mir so drei, vier Ratten
Die wohl wie ich auch keinen hatten
Die mich gerufen
Ziemlich klar

So zieh ich weiter durch die Steppe
Der Blizzard ist so stark wie nie
Auf meiner Brust die Jesuskette
Und hinter mir 'ne weiße Schleppe
Es schmerzt der Kopf
Der Leib
Das Knie

Kein Haus, kein Hof, nur tiefes Schweigen
Die Macht des Sturms wirft mich zurück
So gern würd ich mir selbst was zeigen
Vielleicht mich auch vor Gott verneigen
Jedoch gibt's hier davon kein Stück

Verbotene Ängste in mir schütteln
Der Waldesrand scheint noch so weit
Wohl will der Sturm mich niederknüppeln
Vereiste Fäuste an mir rütteln
Und ich bin dumm
Und nicht gescheit

Im Schweiße jener Fieberträume
Zerbröselt alle Hoffnung schon
Da, dieser Wald
Die lila Bäume
Ich schrei, dass ich sie nicht versäume
Erreich sie nicht
Was für ein Hohn

Ich lieg im Schnee
Verweht die Spuren
Die ich gesetzt vor kurzem noch
Der Blizzard streicht wie tausend Huren
Hart über mich
Es stehn die Uhren
Ich fall und fall ins tiefste Loch

Und bin schon wieder fortgegangen
Nur immer weiter geradeaus
Ob da was Neues angefangen
Verklärtes Bild längst abgehangen
Im Schneesturm endets wie ein Graus

Am eisgefrorenen Teich des Todes
Halt ich kurz an und denke nach
Verspeis den Rest des harten Brotes
Die Kälte nagt, ist gar nichts Frohes
Hält mich am Orte schwer in Schach

Doch weiter geht's
Abstrakte Reise
Der Blizzard treibt mich arg voran
Ein Klagelied
Mal laut mal leise
Ich träum von mancher Frühlingsweise
Und ziehe weiter
Halt nicht an

Verwirrte Träume drohn behände
Die Nacht bricht in den schweren Sturm
Ins Leere greifen meine Hände
Hoff, dass die Kraft ich nicht verschwände
Und gleiche einem Regenwurm

Und bin schon wieder fortgegangen
Durch Schnee und Eis
Mein Lebensweg
Für immer in manch Traum gefangen
Den Blizzard dennoch durchgestanden
Zieh hin, wo meine Sonne steht

Abgesang

Der Tag vergeht
Liegt brach und ohne Leben
Schon hinter mir
Die Nacht kriecht düster an
Ein Wind verweht
Es rauschen Wälder, Ähren
Es ist sehr still
In jenem dunklen Land

Ein Abgesang
Zieht durch die müde Seele
Dem Tode nah
Erinnre ich mich noch
Die Zeit steht still
Sekunden, die ich zähle
Starr in die Nacht
Wie in ein schwarzes Loch

Hier will ich sein
In dieser Nacht, dem Dunkel
Zum neuen Tag
Ziehts mich schon lang nicht mehr
Von irgendwo dringt in den Kopf
Gemunkel
Ein *Chupacabra* jault
Er ist mir ziemlich nah

Mein Atem stockt
Ich lös mich auf im Nebel
Und meine Spur vergeht
Im feuchten Waldeslaub
Nichts bleibt von mir
Mein Herz hisst leis die Segel
Und übrig bleibt ein Häuflein nur
Von Staub

Die Weihnachtsfrau

Die Tür fiel zu
Er ist jetzt fort
Er ging
Er floh ganz ohne Wort
Sie hielt den Rücken ihm stets frei
Jetzt scheint dies alles einerlei

Die fremde Frau
Dies Flittchen, ach
Das gab ihm flugs ein neues Dach
Er fiel drauf rein
Und sagte kühl
Das alles hier ihm nicht gefiel

Die Einsamkeit in jenem Haus
Macht sie zur wirklich grauen Maus
Die Kinder sind längst irgendwo
Fast alles scheint nur *"einfach so"*

Sie fühlt sich hilflos
Krank und schlecht
Sie macht es allen immer recht
Das große Haus
Er wollt es nicht
Die Ehejahre gibt's wohl nicht

Das Regenwasser tropft herab
Und wäscht die Fensterscheiben ab
Sie schaut zum Wald gleich hinterm Haus
Sieht so die tolle Zukunft aus

Am nächsten Morgen ist es still
Kein Mann, kein Kind
Auch sonst nicht viel
Da, in der Zeitung wie ein Hohn:
Man sucht nach Weihnachtsmännern schon

Und weil mit Fünfzig sie zu alt
Für einen Job
Für Arbeit halt
Wischt sie die Tränen vom Gesicht
Und geht hinaus
Und trauert nicht

Nach frischen Schrippen sehnt sie sich
Nach Kaffeeduft
Nach Tageslicht
Nach einem Wort
Nach einem Ziel
Sie will jetzt raus
Das ist nicht viel

Schnell taucht sie ein ins Menschenmeer
In ihrem Kopf ist nichts mehr leer
Sie weiß jetzt, was sie wirklich will
Sie hat noch Würde
Kraft und Stil

Schlägt ein den Weg zum Arbeitsamt
So viele sind dort unerkannt
Sie redet viel und weiß genau:
Sie wird nun eine Weihnachtsfrau

Auch wenn sie raus aus dem Beruf
Hört sie den lauten, stummen Ruf:
Los, zeig es allen endlich, jetzt
Du bist ein Mensch
Wenngleich verletzt

In einer Garderobe dann
Zieht sie das Weihnachtskostüm an
Spürt plötzlich, dass man sie noch braucht
Es hilft nichts, wenn man untertaucht

Sie will was tun
Denn sie ist da
Fast alles scheint ihr wunderbar
Als Weihnachtsfrau am Weihnachtstag
Stellt ihr manch' Kind so manche Frag

Ja, endlich ist sie wieder frei
Sie hat auch wieder Spaß dabei
Als Weihnachtsfrau am Weihnachtsmarkt
Hört man ihr zu
Denn sie ist stark

Am Heiligabend irgendwann
Trifft sie auf einen Weihnachtsmann
Der lebt allein mit seinem Kind
In einem Haus
Wo Kühe sind

Die beiden treffen sich nun oft
Sie spürt ihr Herz
Es klopft und klopft
Ein neues Leben sie nun hat
In ihrer Welt
In dieser Stadt

Die Weihnachtsfrau
Der Weihnachtsmann
Sind wieder glücklich, froh sodann
Wenn alles Leben stehenbleibt
Muss man hinaus
Dann ist es Zeit

Die alte Mühle

Die alte Mühle dort am Feld
Harrt aus in jeder harten Zeit
Sie scheint entrückt
So fern der Welt
Und jeder Weg zu ihr ist weit

Die Flügel drehn sich immerfort
Bei Sturm und Regen
Hagel
Eis
Durch Krieg und Frieden fest am Ort
So klappert sie mal laut
Mal leis

Sie half den Menschen durch manch´ Not
Schwer war die Arbeit
Hier und da
Sie mahlte Korn
Für frisches Brot
Nicht jeder Tag
Nur sonnig war

Am Feld die Mühle ist schon alt
Sie klappert ewig mit dem Wind
Sie wartet da
Ganz nah am Wald
Wohl träumt sie noch von
Frau
Mann
Kind